Guía de Criptomonedas

La Guía Completa de Cómo Invertir y Crear Ingresos Pasivos con Criptomonedas de Manera Segura

JAIME VENEGAS

El uso de marcas comerciales en este documento carece de consentimiento, y la publicación de la marca comercial no tiene ni el permiso ni el respaldo del propietario de la misma. Todas las marcas comerciales dentro de este libro se usan solo para fines de aclaración y pertenecen a sus propietarios, quienes no están relacionados con este documento.

TABLA DE CONTENIDO

INTRODUCCIÓN

Estás a punto de descubrir cómo invertir en criptomonedas con seguridad, lo que te permitirá generar un ingreso secundario de la forma más pasiva posible.

Las nuevas tecnologías han traído consigo una multitud de beneficios para personas de todo el mundo. Actualmente, la información está fácilmente disponible en Internet; hay aplicaciones que hacen nuestras vidas más eficientes, y hay distintas oportunidades con las que la gente puede aumentar su capacidad para generar ingresos.

Una de estas oportunidades es la inversión en criptomonedas. Lo que tienes frente a ti es un método de generación pasiva de ingresos.

Esto significa que realmente no tienes que hacer mucho para ganar dinero una vez que aprendes cómo funciona el sistema. La inversión en criptomonedas, cuando se hace correctamente, puede proporcionarte un excelente flujo de ingresos pasivos.

Con esta guía aprenderás todo lo que necesitas saber sobre las criptomonedas: los diferentes tipos disponibles en la actualidad, cómo hacer trading, qué son las cadenas de bloques, y más. También aprenderás a invertir en estos activos digitales de forma segura, así como los riesgos que debes tener siempre en cuenta.

Una vez hayas estudiado el contenido de esta guía, con suerte tendrás la suficiente confianza para dar el salto a la inversión en criptomonedas.

¡Gracias y espero que disfrutes el aprendizaje!

CAPÍTULO 1: ¿QUÉ SON LAS CRIPTOMONEDAS?

Muchos dicen que las criptomonedas serán el principal activo financiero en el futuro. Actualmente, hay muchos individuos que están familiarizados con las criptomonedas, pero todavía hay un número significativo de personas que no tienen ni idea de qué son y cómo pueden beneficiarse de ellas.

Además de algunos pocos individuos, las agencias gubernamentales, las instituciones financieras y numerosas corporaciones, la gente común no es muy consciente de lo que son. En la actualidad, muchas de estas agencias ya han invertido tanto en criptomonedas como en la investigación sobre ellas.

Esto solo demuestra lo relevante que son las monedas digitales en nuestra sociedad moderna.

Lo que pasa con estos activos financieros digitales es que no solo han despertado interés en las personas, sino que también se han convertido en amenazas potenciales para otros, especialmente para los bancos. Esta guía fue escrita principalmente para explicar por qué las criptomonedas son la moneda del futuro y cómo puedes generar ingresos pasivos al invertir en ellas, sobre todo para quienes todavía están confundidos con el sistema que utilizan para poder operar.

El origen de las criptomonedas

¿Sabías que las criptomonedas salieron a la luz porque alguien buscaba un producto complementario a los fondos digitales? Hemos tenido fondos digitales de efectivo disponibles en la web desde hace bastante tiempo.

Las criptomonedas fueron creadas para servir como sus productos secundarios.

La persona que inventó la primera criptomoneda, Bitcoin, fue un hombre llamado Satoshi Nakamoto. Independientemente de la antigüedad del Bitcoin, el hecho es que es la criptomoneda más valiosa de los últimos tiempos.

Antes de que surgiera el concepto de criptomoneda, el dinero en efectivo digital estaba disponible a través de depósitos realizados con tarjetas de débito y de crédito, además de depósitos a través de canales de pago en línea realizados a partir de cuentas bancarias físicas.

Puede que el dinero digital también fuera referido en vales que pudieran ser comprados o proporcionados como una táctica de marketing. Sin embargo, el problema es que la mayoría de ellos no fueron diseñados lo suficientemente bien como para evitar el doble gasto.

El problema del doble gasto fue algo que Bitcoins abordó por primera vez. Esta criptomoneda no requería de ningún servidor, regulación o autoridad. Tan solo dependía de las redes P2P (o de pares) como medio para garantizar el gasto único. También hay que señalar que otros intentos previos a Bitcoin fracasaron estrepitosamente, lo que hizo que Bitcoin fuera un producto verdaderamente revolucionario.

Aunado al doble gasto, otro problema que dio pie a la creación de las criptomonedas fue el hecho de que los canales de pago de terceros no pudiesen proporcionar un sistema seguro que la gente pudiera utilizar para pagar productos y servicios en línea.

Considerando que estos canales fracasaron a pesar de estar altamente regulados y centralizados, Bitcoin fue creado para ser independiente de cualquier sistema de regulación central y en su lugar trabajar sobre la fiabilidad de P2P como base.

Cuando se trata de dinero digital, además de preocuparte por las transacciones y los saldos, también tienes que preocuparte por las cuentas, los canales, y los métodos de pago. El problema con estos canales de pago es que son muy susceptibles al doble gasto.

Hasta ahora, se siguen haciendo esfuerzos para resolver este enigma. Pero hasta que se evalúen los servidores, este problema continuará existiendo, ya que son los agentes de registro o supervisión de saldos los responsables del error.

Lo maravilloso de las criptomonedas es que no hay ningún sistema de servidor del que tengas que preocuparte, pues trabajan con una red descentralizada. Con la red P2P en funcionamiento, todos tienen una lista actualizada de las transacciones y todas y cada una de ellas es rastreada, monitoreada y verificada en busca de problemas.

Las transacciones ocurren entre individuos y por lo tanto hay un interés personal en que cada transacción y registro sea correcto. Esta es la razón por la que se eliminan errores como el doble gasto. En la mayoría de las ocasiones, se puede esperar que todos los participantes alcancen un consenso absoluto sobre la legitimidad de las operaciones.

El ABC de las criptomonedas

He aquí una manera fácil de explicar lo que son las criptomonedas: son dinero digital que se puede utilizar para hacer compras y transacciones en línea. Al igual que los instrumentos financieros tradicionales, estas también pueden ser mantenidas como inversiones y ser negociadas cuando el precio correcto aparece.

Técnicamente, las criptomonedas no son monedas digitales per se, sino más bien líneas de código en una base de datos.

Pero cambiar estas líneas de código no es fácil, pues hay varias condiciones que deben cumplirse antes de que se conceda cualquier acceso de edición.

Por extraño que parezca, el mismo concepto se aplica a la moneda tradicional, a los billetes y a las monedas. En este caso, la base de datos es tu cuenta bancaria y el dinero de adentro compone las entradas. Hay condiciones específicas que deben cumplirse (como la verificación de identidad) antes de que puedas acceder a lo que hay dentro de la cuenta. Los cambios se refieren a los depósitos y retiros.

¿Cómo son las transacciones con criptomonedas?

Hay siete pasos implicados en las transacciones con criptomonedas:

Una transacción se solicita en línea. Esta puede ser una compra, venta o intercambio.

La solicitud se envía a la red P2P. En lugar de servidores, los sistemas informáticos utilizados aquí se denominan nodos.

Con el uso de algoritmos, la red verifica la transacción y la identidad del solicitante.

La transacción es verificada y aceptada o denegada.

Las solicitudes aprobadas o verificadas se registran en una base de datos digital llamada blockchain (cadena de bloques).

La nueva transacción se añade a una serie preexistente de líneas de código almacenadas, que no pueden ser alteradas ni borradas.

La transacción se marca como completa.

Aunque las transacciones con criptomonedas pueden parecer complejas, estos procesos en realidad toman poco tiempo para completarse, algunos incluso en uno o dos minutos. Esta es la razón por la que las operaciones con criptomonedas son vistas como altamente eficientes y convenientes en comparación con otras formas tradicionales de moneda.

Cuando se trata de transacciones con criptomonedas, toma en cuenta que estas tienen propiedades transaccionales específicas. Esto significa que incluso si no hay procesos regulatorios claros en juego, todavía hay reglas que se aplican a su compra, venta o intercambio.

Aquí están las principales propiedades transaccionales con las que debes familiarizarte si quieres invertir en criptomonedas:

Las transacciones son anónimas.

Además de las transacciones, las cuentas también son anónimas. El proceso de verificación del que hablamos antes implica que los inversores y comerciantes tengan seudónimos en forma de enlaces de cuenta vinculados a sus cuentas en criptomonedas. Mientras los enlaces sean legítimos, tu identidad como comprador o vendedor se considera real.

No se pueden anular las transacciones.

Esto significa que una vez que haya enviado los pagos para la compra o transferido las monedas como parte de una venta, no hay forma de recuperarlas si cambia de opinión. Con transacciones confirmadas en minutos, realmente no tiene una red de seguridad con la que trabajar. Por eso, siempre es mejor ser extremadamente prudente antes de tomar una decisión.

Las transacciones son seguras.

Aunque son irreversibles, todas las transacciones son seguras, ya que las criptomonedas están protegidas por medio de la criptografía. Necesitas una clave especial para acceder a tu cuenta, y mientras la tengas, no tendrás que preocuparte de que retiren fondos sin tu conocimiento.

Las criptomonedas son muy accesibles.

No necesitas pedir ningún permiso si deseas comprar o vender criptomonedas. Todo lo que tienes que hacer es descargar el software necesario en línea y tendrás acceso a estos instrumentos financieros digitales.

Las transacciones son globales.

Las transacciones con criptomonedas se realizan a través de redes informáticas y sistemas P2P. Esto significa que las transacciones se pueden realizar fácilmente a través de los mercados internacionales.

Todo lo que necesitas es una computadora, una conexión a Internet, y fondos para invertir en criptomonedas.

El papel de los mineros en las criptomonedas

Si observas con atención cómo funcionan las transacciones con criptomonedas, notarás que todo tiene lugar dentro de una red de pares y que todos en el sistema tienen acceso a los historiales de transacciones. Esto significa que incluso si no pueden alterar físicamente la base de datos, estarán al tanto de los saldos de cada cuenta de criptomonedas que sea parte de la red.

En este caso, tendrás varias entradas que describen cada transacción, incluyendo quiénes son los participantes. Los registros también contendrán confirmaciones de dichas transacciones en forma de firmas que utilizan las claves privadas del comprador o del vendedor.

Cada que hay una nueva transacción, esta se introduce inmediatamente en el sistema y todo el mundo en esa red de pares estará informado sobre ella. Esto ocurre después de que se hayan completado todos los procesos de confirmación necesarios. En el mundo de las criptomonedas, la verificación y la confirmación son los dos procesos principales que identifican las transacciones legítimas.

Sin ninguna confirmación, las transacciones se mantienen como simples solicitudes y, en esta fase, pueden ser falsificadas o canceladas. Tras la confirmación, la transacción se vuelve irreversible y se añade a la cadena de bloques. Los mineros de criptomonedas se encargan de crear las diferentes monedas y también de confirmar todas las transacciones relevantes en la red P2P.

Solo estos mineros tienen derecho a confirmar las transacciones con criptomonedas.

Lo que hacen es tomar todas las solicitudes y ejecutar los distintos procesos de verificación. Luego determinan qué solicitudes son legítimas y cuáles deben anularse. Las solicitudes legítimas son aprobadas, selladas, confirmadas y añadidas a la cadena de bloques. Todas las transacciones confirmadas deben ser agregadas a la cadena de bloques por todos los ordenadores de la red.

Los mineros de criptomonedas realizan la tarea más importante de toda la cadena, pero no se les paga en efectivo ni con dinero tradicional. Lo que reciben son tokens y criptomonedas que pueden utilizar para varios intercambios en línea. Lo bueno de este sistema es que cualquiera puede convertirse en minero.

Debes tener muy en cuenta que no existe un organismo regulador oficial, sino que hay una red de pares. Sin embargo, aunque cualquiera puede minar monedas, existen protocolos para asegurar que nadie monopolice o se aproveche del intercambio. Aquí es donde los mecanismos especializados entran en escena.

Estos mecanismos funcionan impidiendo que se produzcan transacciones fraudulentas o abusivas.

El fundador de Bitcoins, Satoshi Nakamoto, creó una regla para aquellos que quieren ser mineros. En primer lugar, están obligados a invertir en una computadora especial para poder desempeñar ese papel. Su sistema informático debe ser capaz de acomodar funciones especiales (por ejemplo, poder convertir grandes datos datos en enlaces más manejables).

Además, deben hacer un esfuerzo para encontrar un nuevo hash que sea compatible con el anterior utilizado en la cadena de bloques. Si no lo hacen, no podrán conectar ningún bloque nuevo dentro de la cadena existente. En términos más simples, necesitan resolver un rompecabezas que les permita construir bloques y añadirlos a la cadena ya existente. Para Satoshi Nakamoto, esta prueba de trabajo y capacidad informática es esencial para garantizar la protección o seguridad continua de las criptomonedas.

Cuando un minero es capaz de añadir bloques a la cadena, entonces recogerá una cierta cantidad de monedas. Cuantos más bloques pueda añadir a la red, más monedas ganará, de ahí el término "minar criptomonedas". El problema es que las inversiones en hardware y software pueden ser bastante elevadas y solo se puede extraer un cierto número de monedas por intento.

¿Las criptomonedas son monedas reales?

Las criptomonedas tienen un valor real y se compran con dinero real, pero funcionan más como acciones que como los billetes y monedas tradicionales. Son acciones en tecnología, pero pueden ser intercambiadas por otras criptomonedas así como por divisas tradicionales.

Actualmente existen criptomonedas, como por ejemplo Bitcoin, que pueden utilizarse para realizar compras de productos y pagos de servicios tanto en línea como fuera de línea. Así que en este sentido, puedes considerarlas monedas reales, pues sí tienen cierta usabilidad. Sin embargo, lo que debes tener en cuenta es que hay tipos que son más líquidos que otros, pero no tanto como el dinero tradicional.

Capítulo 2: Los diferentes tipos de criptomonedas

Con las criptomonedas tienes a tu alcance instrumentos financieros digitales que eventualmente podrían reemplazar a los billetes y el dinero tradicional. En la actualidad, cada vez son más los establecimientos que aceptan esta forma de pago para sus productos y servicios. Ten en cuenta que hay cientos de criptomonedas diferentes, todas las cuales nacieron con el concepto de Bitcoin.

Realmente no hay necesidad de estudiar detenidamente cada una de estas criptomonedas. En esta guía, nuestra atención se centrará en los diez tipos más utilizados y que deberías considerar al momento de invertir.

Bitcoin

Como se señaló anteriormente, Bitcoin es la primera forma de criptomoneda que se ha creado. Puedes utilizarlos para comprar productos y pagar servicios en línea y fuera de línea. Estos también son cada vez más fáciles de adquirir gracias a los cajeros automáticos de Bitcoin que se están lanzando en diferentes países.

Lo maravilloso de los Bitcoins es que puedes comprarlos o venderlos aunque no estés muy familiarizado con su funcionamiento. No necesitas entender el lado técnico de las cosas para poder obtener un beneficio de estas monedas. Son conocidas por ser muy amigables con los principiantes.

Ethereum

A diferencia de las monedas tradicionales, hay contratos inteligentes ligados al Ether. Esta es la razón por la que esta criptomoneda ofrece más protección no solo para los compradores, sino también para los vendedores. El comercio de monedas, incluso con personas que no conozcas, no implicará un alto nivel de riesgo. También puedes usar el Ether para pagar por ciertos bienes y servicios.

Litecoin

Este tipo de criptomoneda es muy parecida a Bitcoin, con la única diferencia de que las transacciones se ejecutan utilizando un protocolo de código abierto.

Chinacoin

Desarrollada como una variante de Litecoin, Chinacoin ofrece una capa adicional de seguridad mediante el uso de claves basadas en scripts. Esto significa que las claves privadas no son de fácil acceso y ofrecen al propietario más protección para sus monedas.

Ripple

Ripple es una criptomoneda que se procesa de la misma manera que el dinero tradicional. La distribución se basa en un consenso, hay protocolos de intercambio formales ejecutados por transacción, y todo está codificado en un libro mayor.

Peercoin

Aquellos con paciencia de sobra encontrarán atractiva esta criptomoneda. Los Peercoins funcionan más o menos como Bitcoins pero no son tan fáciles de extraer o minar la primera vez. Pero cuanto más persistas en la extracción, más fácil será el proceso de hashing.

Primecoin

La mayoría de las criptomonedas se han desarrollado utilizando el sistema Bitcoin, pero Primecoin es un tanto diferente. Ha sido creada usando un sistema de hash basado en números primos, de ahí su nombre. Usando números primos es posible crear monedas que pueden ser extraídas fácilmente, pero son más seguras de guardar.

Dogecoin

La mayoría de la gente se refiere a la Dogecoin como una Bitcoin mejorada. A diferencia de otras criptomonedas, no hay límite en cuanto a la cantidad de monedas que se pueden minar. El problema es que tienen un valor mucho menor en comparación con los otros tipos. Pero esto es bueno si eres alguien que a menudo se dedica a pequeñas transacciones fuera de línea y en línea.

Dash

Piensa en Dash como la hermana introvertida de Bitcoin. La gente que quiera invertir en una forma más secreta de criptomoneda apreciará el mayor nivel de anonimato que ofrece Dash. Todas las transacciones relevantes se realizan a través de una red especial donde las transacciones no son rastreables.

Ven

Ven fue desarrollada para un grupo particular, Hub Culture, pero desde entonces se ha convertido en una forma de criptomoneda que es públicamente negociable. Lo que la distingue de otras monedas digitales es que hace un esfuerzo activo para contrarrestar la inflación. Esto significa que el valor de las monedas no es demasiado susceptible a aumentos o caídas rápidas.

Si eres nuevo en el mundo de las criptomonedas, te sugerimos que empieces tu inversión con Bitcoins. Conforme adquieras experiencia en el mercado podrás probar otros tipos de criptomonedas. Pero ten en cuenta que no debes esperar que se desempeñen de la misma forma, pues cada una tiene su propio patrón que dicta movimientos y tendencias.

CAPÍTULO 3: CÓMO ADQUIRIR CRIPTOMONEDAS

Las criptomonedas son activos digitales que ganan popularidad internacional a medida que pasa el tiempo. Estas pueden ser extraídas, compradas y negociadas a través de plataformas de intercambio dedicadas exclusivamente a ello. También hay una serie de aplicaciones diferentes que se pueden utilizar para realizar operaciones directas, por no hablar de encontrar compradores y vendedores de criptomonedas en todo el globo.

Para aquellos que estén interesados en invertir en estas criptomonedas, una de las primeras cosas en las que deben pensar es en convertir dinero tradicional en estas monedas digitales.

La manera más fácil de hacerlo es a través de una simple transacción de compra.

Compra criptomonedas a través de plataformas de intercambio.

Una vez más, hay bolsas de intercambio en las que estas monedas pueden ser negociadas. La mayoría de estas plataformas de intercambio también ofrecen una variedad de criptomonedas para la venta. Sin embargo, considera que estas monedas no son de ninguna manera propiedad de los cambiadores. Piensa en estos últimos como un banco comercial que almacena, comercia y ofrece dinero al público.

Cuando utilizas una casa de cambio, no solo puedes convertir dinero real en criptomonedas, sino que también puedes volver a convertirlas a la moneda tradicional cuando sea necesario. También es posible utilizar una criptomoneda particular para comprar alguna de las otras variedades.

Con una casa de cambio tienes diferentes servicios a tu disposición, por lo que es esencial que encuentres la que mejor se adapte a tus necesidades.

Al elegir una bolsa, la decisión no solo reduce las comisiones de transacción que cobran o el número de canales de pago que pueden acomodar. Hay ciertas bolsas que solo aceptan una categoría particular de criptomonedas, así que debes tener muy claro cuál es la que vas utilizar para tu inversión.

La criptomoneda más comercializada hoy en día es Bitcoin, por lo que si eres novato en las monedas digitales, lo más seguro es que comiences con este tipo. Si te interesan las de reciente lanzamiento, puede que te resulte bastante difícil encontrar una bolsa que ya haya actualizado su sistema para adaptarse a ellas. Esto no quiere decir que no hayan bolsas donde ya estén disponibles, solo que tendrás que dedicar un poco más de tiempo y esfuerzo en encontrarlas.

Además de esto, debes saber que Bitcoin puede ser intercambiada por algunas divisas tradicionales, mientras que otros tipos de monedas digitales solo pueden ser intercambiadas por Bitcoins. Por lo tanto, también es necesario que consideres los diferentes pares de divisas que se ofrecen en la bolsa que estés por elegir.

Aunque ya señalamos que las comisiones por servicio no tienen por qué ser la base de tu decisión a la hora de elegir una bolsa o casa de cambio, lo cierto es que sigue siendo relevante en todo este proceso. El porcentaje que la bolsa gana por transacción puede variar de una casa de cambio a otra. Encontrarás que algunas cobran pequeñas cuotas, mientras que otras pueden exigir hasta el 5% de tus ganancias totales.

Además de las comisiones, también existen comisiones de uso estándar (comisiones mensuales fijas), así como comisiones de depósito y retiro a las que debes prestar mucha atención.

En la mayoría de los casos, el cargo más alto provendrá de los retiros, ya que el cambio transfiere dinero real al canal que tú elijas. Por eso es importante encontrar una bolsa que tenga vínculos estrechos con las instituciones financieras locales en tu área, ya que esto asegura menores costos de transferencia.

Nunca debes olvidar que las casas de cambio de criptomonedas no están muy reguladas. Hay algunas que han resistido las pruebas del tiempo y continúan prestando servicios a los inversionistas de criptomonedas, mientras que otras han cerrado definitivamente. En el caso de estos últimos, se han reportado pagos no realizados, y por eso debes hacer una investigación exhaustiva.

Además de la reputación de las bolsas, también tienes que tomar en cuenta sus protocolos de seguridad. Toda esta información debe estar disponible en línea o en sus sitios web.

Si no puedes encontrar suficiente información sobre una bolsa en particular, esa es tu señal para optar por una plataforma completamente diferente.

Compra a través de una billetera para criptomonedas.

Una parte del proceso de inversión de criptomonedas implica el uso de una billetera especial para ellas. Hay bolsas que ofrecen esta función, mientras que otras requieren que visites a un proveedor externo para satisfacer tus necesidades de resguardo.

Encontrarás que hay un número de servicios de resguardo de criptomonedas que también ofrecen su compra y venta directa. A diferencia de las bolsas en las que las tasas varían de un vendedor a otro, con las billeteras para criptomonedas suele haber una tasa fija que se aplica tanto a la compra como a la venta. Todo lo que tienes que hacer para hacer una compra es vincular la información de tu tarjeta de crédito o cuenta bancaria a tu billetera de criptomonedas.

A simple vista, parece que esta opción de compra es la mejor disponible. Pero antes de tomar una decisión final, ten en cuenta que al igual que otros métodos disponibles, la compra de criptomonedas a través de la billetera digital tiene sus ventajas y desventajas.

Empecemos con las ventajas de este método de compra:

Las transacciones son rápidas de realizar. Puedes compararlas con cualquier sitio de compras en línea donde eliges un producto, lo añades a tu tarjeta, introduces tus datos de pago, y eso es todo.

La verificación de identidad es muy sencilla, ya que solo tienes que vincular tu información de pago con el sistema para comenzar a realizar compras.

También puedes encontrar cajeros automáticos que ofrecen servicios para criptomonedas, por lo que puedes comprarlas allí directamente. También se están desarrollando quioscos con el mismo propósito y hay una iniciativa en curso para empezar a ofrecer criptomonedas en establecimientos minoristas como tiendas de conveniencia y agencias como las oficinas de correos.

Pero también tiene varias desventajas:

Las transacciones pueden ser rápidas, pero existen limitaciones en cuanto a los pares de divisas ofrecidos por las billeteras de criptomonedas. Esto significa que habrán divisas tradicionales que no sean aceptadas.

Tu privacidad puede estar en riesgo cuando conectas tu información personal y los detalles de pago en el sistema. Las criptomonedas se basan en el concepto de anonimato del comerciante, pero esto pierde el sentido cuando una transacción se vincula a tu identidad.

Compra de criptomonedas vía P2P.

Las criptomonedas también pueden ser compradas a través de transacciones entre pares. Si tienes un amigo que tiene criptomonedas, entonces puedes pedirle que te las venda y viceversa. Lo importante aquí es encontrar un vendedor que esté dispuesto a intercambiar sus monedas. Hay bolsas que funcionan simplemente conectando a compradores y vendedores de todo el mundo, por lo que esta es una buena opción. También hay comunidades y foros en los que puedes participar si deseas encontrar a estas personas por ti mismo.

Además de tu red personal y las redes creadas por las bolsas, también puedes preguntarle a tu servicio de billetera si tiene herramientas de trading local incorporadas en su sistema. Aquí, estarás conectado con los vendedores dentro de tu área y podrás conversar con ellos directamente. Si realizas una compra o viceversa, la transacción se reflejará inmediatamente en tu billetera.

Puede que te haya quedado la impresión de que estas transacciones son muy seguras. Recuerda que siempre puedes utilizar herramientas en línea y testimonios de otros inversores para comprobar la legitimidad del vendedor. Si vas a hacerlo por medio de una plataforma, te beneficiarás de las tasas fijadas por cada titular de cuenta. Pero la decisión siempre será tuya y las consecuencias serán tuyas también. Por lo tanto, ten cuidado y sé inteligente al momento de elegir.

Aquí hay un par de cosas más que debes tener en cuenta al comprar criptomonedas vía P2P. Si las transacciones no se realizan digitalmente, asegúrate de realizarlas en un lugar público. Conocer a alguien por primera vez para hacer una transacción de este tipo puede ser aterrador, y tener a más personas a tu alrededor puede ayudarte contra las estafas.

En línea, debes tener cuidado con los sitios de phishing que ya están por todas partes.

Procura verificar siempre no solo la identidad del individuo, sino también la plataforma que utilizarás para la transacción. Esto asegurará que tu información personal y financiera esté a salvo de miradas indiscretas. También debes tener cuidado con los correos electrónicos que recibes.

Compra de criptomonedas con tarjeta de crédito.

Actualmente también puedes comprar criptomonedas con tu tarjeta de crédito, lo cual es posible gracias a la evolución de los canales y sistemas de pago en línea. Pero recuerda que al igual que con otras cosas que puedes comprar en línea, son varios los riegos a los que nos exponemos cuando utilizamos nuestra tarjeta de crédito.

Lo bueno de las tarjetas de crédito es que la mayoría de ellas, especialmente Visa y MasterCard, son aceptadas por todas las plataformas y los pagos se pueden realizar independientemente de la moneda nacional que estés utilizando.

Esto se debe a que cualquier conversión monetaria puede ser acomodada por tu banco local.

Compra de criptomonedas por transferencias bancarias electrónicas.

Seguramente encontrarás algunos individuos o bolsas que acepten transferencias electrónicas como formas de pago. El problema es que estas transferencias pueden tardar días en completarse.

Compra de criptomonedas a través de canales de pago en línea.

Canales de pago en línea tales como PayPal también se pueden utilizar para comprar criptomonedas. Tienes la opción de vincular tu tarjeta de crédito al sistema o usar tu billetera interna para la transacción.

Es probable que te cobren una tarifa por el servicio, pero sé consciente que esta te protege, pues estos sistemas casi siempre vienen con protocolos de disputa en los que las transacciones fallidas o quejas se pueden someter a una investigación y resultar en la devolución de tu dinero.

Compra de criptomonedas en efectivo.

Especialmente en los intercambios P2P, también puedes usar dinero en efectivo para comprar las criptomonedas que elijas. En este caso, puedes optar por pagar directamente en efectivo en un encuentro en persona, o utilizar fondos en efectivo en una billetera digital para tu transacción. De cualquier manera, esta es la forma de pago más rápida disponible hoy en día, en línea o fuera de ella.

Así que ahí lo tienes. Son muchas las formas en las que puedes comprar criptomonedas para iniciar tu viaje de inversión, solo asegúrate de hacer la debida investigación antes de elegir una opción en particular. También será prudente que pruebes varios métodos y luego determines cuál funciona mejor a tu favor.

CAPÍTULO 4: LA INVERSIÓN CON CRIPTOMONEDAS

Si has leído esta guía hasta este punto, es probable que ya tengas un interés real en las criptomonedas. Pero antes de hacer cualquier inversión inicial, hay algunas cosas con las que deberías familiarizarte.

Las criptomonedas funcionan más como acciones que como una moneda tradicional. En el momento en que compras tu primera criptomoneda, esto significa que estás comprando una acción en tecnología. Puede ser un bloque de una cadena de bloques o una porción aún mayor de la red de criptomonedas.

Presupuesto

El primer paso para invertir en criptomonedas es tener el presupuesto para ello. Todas las transacciones implican capital inicial, por lo que es necesario comprobar los precios. Esto te ayudará a calcular cuánto dinero tradicional necesitas para comenzar tu viaje de inversión.

Tipos de criptomonedas

El siguiente paso es decidir en qué criptomoneda invertirás. Hoy en día, hay cientos de ellas disponibles. Como principiante, deberías optar primero por las más comunes, tales como Bitcoins o el Ether.

En este libro encontrarás una explicación general de cada criptomoneda, pero considera consultar otros recursos para aprender todavía más.

Siempre es mejor hacer una investigación amplia cuando se trata de una inversión. Comprueba los pros y los contras, la accesibilidad, el valor y, por supuesto, la comerciabilidad.

Casa de cambio

Una vez hayas decidido sobre un tipo particular de criptomoneda, ahora es el momento de encontrar una casa de cambio. Esta servirá como plataforma de transacciones. Aquí, puedes comprar, vender y comerciar activamente un surtido de criptomonedas por divisas tradicionales o criptomonedas por criptomonedas, dependiendo de tu preferencia.

Considera que las casas de cambio difieren en términos de sus ofertas y los tipos de criptomonedas que pueden acomodar, así que haz tu investigación antes de crear una cuenta.

Comprueba también sus métodos de pago, ya que no todas las bolsas admiten todas las formas de pago disponibles.

Billetera

Si la casa de cambio por la que optaste no te da acceso al resguardo de criptomonedas, busca una billetera para guardar tus criptomonedas. Hay varios tipos de los que puedes elegir.

Seguros

Cuando se trata de criptomonedas, es recomendable contar con un seguro. Hay casas de cambio que ofrecen este servicio añadido mientras que otras no lo hacen. En este último caso, también puedes optar por proveedores externos, pero puede que esto implique costos adicionales.

Compra y Venta

Necesitas tener monedas para poder participar en el mercado. Además de tu casa de cambio, también puedes comprar monedas de otras personas o en sitios web. Cuando trabajes con otras personas, solo tienes que proporcionarles tu clave pública para que puedan transferir las criptomonedas a tu cuenta.

También podrías elaborar directamente y por tu parte el esquema de pago. Por lo general, implica una transferencia bancaria. Una vez que la transferencia haya sido completada, podrás ver el aumento de tus criptomonedas en tu cuenta. Todo movimiento se registra en un libro de contabilidad digital para facilitar el seguimiento.

Trading

Si deseas cambiar tus monedas por otro tipo de criptomonedas, todo lo que tienes que hacer es comprobar el par de cambio que esté disponible en tu casa de cambio. En algunos casos, también puedes cambiar tus criptomonedas por monedas fiduciarias distintas a tu moneda nacional. Las monedas comunes disponibles son el dólar estadounidense y la libra esterlina.

Con las criptomonedas, el trading está limitado a otros tipos de criptomonedas y monedas fiduciarias. Esto significa que no puedes usar tus monedas para comerciar con materias primas y metales como el oro o la plata.

Preguntas que debes hacer

Cuando se trata de inversiones en criptomonedas, estarás tratando con activos no concretos. Por esa razón, hay varias preguntas que necesitas responder antes de hacer cualquier compra o acción relacionada con tu inversión.

¿Puedo confiar en el desarrollador?

Cuando inviertes en algo, debes ser capaz de preservar tu capital y generar ganancias a partir de él. Entonces, ¿puedes confiar en que el desarrollador de criptomonedas te proveerá con algo así? ¿Es tu proveedor lo suficientemente creíble como para que le permitas retener tu dinero?

¿Qué valor tiene la criptomoneda que elegí?

Hay diferentes tipos de criptomonedas, algunas de las cuales son más valiosas y populares que otras. Tienes que estar seguro de que la moneda de tu elección no perderá su valor o relevancia de la noche a la mañana. Esta es la razón por la que la investigación previa es tan importante.

¿Por cuánto tiempo debo participar en el mercado?

Puedes elegir participar en el mercado de criptomonedas por el tiempo que desees. Como no hay contratos muy vinculantes, siempre puedes salir cuando tú lo decidas. En este caso, lo que hay que hacer es preparar varias estrategias.

Concéntrate en tres cosas:

Considera un mercado alcista.

Considera un mercado bajista.

Considera un mercado de punto muerto.

Estrategias de trading que debes tomar en cuenta

Puedes comenzar con estas simples estrategias a medida que te involucras en el comercio de criptomonedas:

Arbitraje

Aquí, las transacciones son relativamente rápidas. Podrás ganar dinero comprando bajo y vendiendo alto. Para que esto sea posible, puedes intentar comprar criptomonedas de una casa de cambio y venderlas en otra. No hay tasas prevalecientes en el mercado cuando se trata de criptomonedas, por lo que ser observador es muy importante.

El arbitraje consiste en aprovechar las oportunidades disponibles. Pero hay que tener cuidado con las comisiones de transacción cobradas por las bolsas, ya que pueden comerse tus ganancias.

Trading a corto plazo

Se trata de operaciones con apalancamiento. Por ejemplo, compras una criptomoneda que actualmente está subiendo de precio. Entonces la retienes por unas horas o incluso por unos días y luego la intercambias una vez que el precio de venta se vuelve más alto que la cantidad que tú pagaste por ella.

En estos casos, necesitas participar en tradings frecuentes para obtener un ingreso considerable, pero lo maravilloso del trading a corto plazo es que casi siempre se te asegura un margen por transacción.

CAPÍTULO 5: CARACTERÍSTICAS DE LAS CRIPTOMONEDAS

Las criptomonedas tienen tres características muy importantes:

No tienen forma física, solo existen digitalmente.

No existe un organismo central que regule, declare el valor o influya en la oferta y la demanda de las criptomonedas.

Las criptomonedas no tienen ningún valor intrínseco y por lo tanto no pueden negociarse con materias primas como el oro y otros metales preciosos.

Solo se pueden intercambiar con monedas fiduciarias.

También es importante señalar que aunque las criptomonedas no están reguladas oficialmente por las agencias financieras o gubernamentales, el suministro de monedas sigue estando controlado, generalmente por quienes emiten las diferentes monedas. Como resultado, el cálculo de la oferta disponible en cada momento es fácil de hacer. En este proceso, no hay involucrado ningún juego de adivinanzas.

Lo maravilloso de las criptomonedas es que funcionan como pagarés. Debido a la naturaleza informal de los pagarés, estos no pueden y nunca serán clasificados como deudas para aquellos que invierten en ellos. Las criptomonedas son comparables a las divisas tradicionales, los billetes y las monedas, por ejemplo, pero solo tienen valores utilizables en un entorno diferente, que es el espacio digital.

CAPÍTULO 6: LAS BOLSAS DE CAMBIO PARA LAS CRIPTOMONEDAS

Antes de empezar a invertir en criptomonedas, es importante que comprendas qué son y como funcionan las bolsas o casa de cambio y con qué plataformas en particular puedes contar.

Bolsas de cambio de criptomonedas: ¿Qué son realmente?

Como las criptomonedas son monedas digitales, las bolsas en las que se negocian también son plataformas digitales o sitios web que ofrecen transacciones como comprar, vender o hacer trading.

Una casa de cambio de criptomonedas funciona más o menos como un sistema tradicional de bolsa de acciones o de Forex. Los corredores profesionales son accesibles, es posible hacer autotrading, y hay herramientas disponibles que te ayudan a maximizar cada transacción.

Como las transacciones se realizan a través de la web, estas plataformas de cambio necesitan verificar las identidades de sus participantes. Al igual que las cuentas de redes sociales, el correo electrónico, etcétera, también es necesario crear una cuenta de usuario en la plataforma que hayas elegido. A continuación, tendrás que verificar esta cuenta proporcionando al sitio una identificación válida.

Aunque la mayoría de las casas de cambio requieren que los participantes tengan cuentas verificadas, encontrarás otras que no son tan estrictas. La característica común de estas bolsas es que pueden acomodarse a operaciones directas.

Los diferentes tipos de casas de cambio para
criptomonedas

Existen diferentes tipos de criptomonedas y también
hay diferentes tipos de casas de cambio disponibles para
aquellos que tienen inversiones o desean hacer trading
con estos activos digitales. Para empezar, aquí están los
tres principales tipos de cambio que puedes considerar si
quieres participar en el mundo de las criptomonedas.

Corredores

Los corredores son sitios web que existen con el único
propósito de vender criptomonedas. Es el sitio del
corredor el que fija el precio. Un corredor de
criptomonedas es como un punto de venta que ofrece
servicios de cambio de divisas.

Plataformas de trading

Las plataformas de trading para criptomonedas funcionan conectando a compradores y vendedores en un solo lugar. Los sitios generan ingresos descontando un cierto porcentaje de cada transacción realizada en su portal. Se puede decir que esta es su tarifa o comisión por servicio. Las plataformas de trading son excelentes canales para operar de forma sencilla y directa.

Sistemas de trading directo

Los sistemas de trading directo son diferentes de las plataformas comunes para trading, pues pueden acomodar operaciones más complejas. Además de ser solo un lugar para comprar o vender criptomonedas, los participantes pueden realmente participar en intercambios dinámicos dentro del sistema.

Además, la plataforma no solo ofrece compra o venta, sino que también ofrece una negociación constante entre los inversores de todo el mundo. A diferencia de las plataformas comunes, los operadores no están sujetos a precios de mercado fijos para sus criptomonedas. De hecho, pueden fijar sus propios precios para estos activos digitales, y queda a discreción de los demás inversores si quieren proceder o no a un intercambio.

Como puedes ver, los tipos de casas de cambio para criptomonedas van desde las más básicas hasta sistemas más complejos. Como inversionista, puedes esperar pasar por todos estos canales conforme más te involucres en el trading.

¿Qué es lo que debo buscar en una casa de cambio
para criptomonedas?

Al igual que con otros canales de inversión, es
importante que no elijas la primera opción que se pose
frente a ti. Las criptomonedas son activos digitales que
tienen un valor monetario real, por eso no hay que dejar
nada al azar. Antes de siquiera considerar la compra de
criptomonedas, debes hacer la debida investigación sobre
las diferentes casas de cambio que están disponibles hoy
en día.

Si no sabes por dónde empezar, te presentamos aquí
algunas pautas que te pueden ayudar en la búsqueda de la
casa de cambio más adecuada.

Credibilidad

La credibilidad es esencial cuando se trata de hacer trading con criptomonedas. No te convendría perder tu inversión o experimentar problemas innecesarios solo porque no te diste el tiempo de verificar la credibilidad de la casa de cambio que elegiste.

Tienes al Internet de tu lado: úsalo para tu beneficio. Además de comprobar la plataforma en sí misma, busca comentarios relevantes de personas que hayan utilizado la plataforma con éxito. Pedir referencias es otra excelente opción. Además, hay sitios web de confianza relacionados con esta industria que también puedes consultar. Si necesitas más ayuda, podrías incluso participar en foros en línea.

Proceso de registro y requisitos

La simplicidad es lo mejor al momento de crear una cuenta. La idea es que puedas crear una cuenta para hacer trading y verificarla con éxito en pocos minutos. Especialmente si trabajas en el espacio digital, la casa de cambio elegida debe estar lo suficientemente optimizada para tener un sistema de registro integrado y eficiente.

Si una casa de cambio ni siquiera puede perfeccionar el proceso de registro, piensa en lo problemática que puede ser la interfaz de la plataforma al momento de hacer una transacción real. También es importante contar con procesos de verificación prácticos. La mayoría de las veces, las bolsas que no son capaces de verificar rápidamente sus cuentas no tienen la tecnología adecuada para ese propósito. Y si es ese el caso, lo más probable es que tampoco dispongan de las tecnologías adecuadas para brindarte un servicio seguro.

Verificación y seguridad

Aunque la verificación es importante, no debe ser excesiva o poco realista en términos de requisitos de identificación. Por lo general, una identificación emitida por el gobierno será suficiente para que puedas depositar o retirar dinero de tu cuenta. La verificación puede tomar desde unos pocos minutos hasta varios días, pero asegura que tu cuenta y tus transacciones sean siempre seguras.

Encontrarás casas de cambio que te permitirán realizar transacciones en el sistema de forma anónima. Estas son las casas de cambio de las que debes tener cuidado. Por lo general, ofrecen la mínima seguridad o encriptación, y esto puede fácilmente poner en peligro tus transacciones, por no hablar de tu cuenta misma en la plataforma. Es mejor que pases por procesos más completos de verificación para protegerte de hackers y estafas.

Condiciones geográficas o restricciones

Al igual que la forma en que se regula el comercio de Forex, lo mismo aplica para las criptomonedas. Como resultado, las funcionalidades del sitio pueden variar de una ubicación a otra. Puede que hayan algunas herramientas a las que se pueda acceder en un país pero en otros no. Por esta razón, deberías encontrar una casa de cambio que sea totalmente compatible con las regulaciones de tu país.

Tipos de cambio

Cuando se trata de tipos de cambio, estos difieren de una plataforma a otra. Es por eso que debes tener el hábito de comparar precios cuando busques una casa de cambio para hacer trading. En ocasiones, una casa tendrá tipos de cambio que son significativamente más bajos que los del mercado.

También puedes tener la suerte de encontrar tasas de cambio altas que funcionarán a tu favor. Por lo tanto, dedica un tiempo a comparar tarifas y servicios para que puedas obtener la mejor oferta en una plataforma segura.

Cargos por transacciones y servicios

Esta es información que no debe ser ocultada por las casas de cambio. Es necesario que publiquen sus tarifas por servicio y transacción en el mismo sitio, y debes estar atento a ello cuando visites la página.

Estas tarifas tienden a diferir dependiendo de la casa de cambio. Por lo general, dependen de la extensión de los servicios con los que cuenta tu membresía. Si estás en una simple plataforma de compra y venta de divisas, puedes esperar tipos de cambio más bajos en comparación con los que ofrecen un trading consistente.

En este caso, no siempre se aplica la ley de tarifas más altas por un mejor servicio. Por eso no debes basar tu decisión simplemente en este aspecto. Lo que tienes que tener en mente es encontrar una casa de cambio creíble que satisfaga tus necesidades y ofrezca sus servicios a un precio razonable.

Métodos y procesos de pago

Ten en cuenta que las criptomonedas implican dinero real. Por eso es necesario que pienses en cómo puedes pagar y recibir pagos en caso de que decidas invertir en estos activos digitales. Cuando evalúes las posibles casas de cambio, busca también información sobre los métodos de pago.

Hay bolsas que ofrecen transacciones con tarjetas de crédito o débito, algunas incluso aceptan depósitos bancarios directos.

Encontrarás otras que optan por las las transferencias electrónicas, mientras que hay otras que son más eficientes, ya que aprovechan los servicios de pago digital como PayPal.

Es importante que encuentres una casa de cambio que pueda acomodar tantas opciones de pago como sea posible. Recuerda que estarás haciendo transacciones con otras personas en la plataforma y nunca sabes a qué método tienen acceso ellas. Cuantos más métodos de pago se adapten a la plataforma, más conveniente será para ti realizar transacciones en ese sistema.

Además de la conveniencia, las opciones de pago también dictan la velocidad de las transacciones. Por ejemplo, las transacciones con tarjeta de crédito son seguras y más fáciles de verificar, por lo que las transacciones se procesan en minutos.

En cuanto a las transferencias electrónicas, estas requieren un procesamiento manual por parte de los bancos y pueden tardar varios días, o a veces incluso semanas, en completarse.

Casas de cambio para criptomonedas que puedes tener en cuenta

A medida que las criptomonedas han ido ganando popularidad a lo largo de los años, han aparecido muchas casas de cambio en línea. Esto hace que sea aún más difícil, especialmente para los principiantes, encontrar la plataforma adecuada para empezar. Para ayudarte en tu búsqueda, te presentamos aquí las mejores casas de cambio que debes tomar en cuenta.

La recomendación es que empieces con ellas para que aprendas a invertir y hacer trading con criptomonedas. Estas casas de cambio han sido calificadas por los usuarios como de primera clase.

También encontrarás algunas que han sido altamente calificadas según su accesibilidad y funcionalidad. Y luego están las que triunfan sobre las demás cuando se trata de seguridad y tarifas de transacción.

Gemini

Sirve principalmente para el trading de las criptomonedas Ether y Bitcoin. Es una plataforma de alta seguridad que ofrece una interfaz fácil de usar y tiene normas reguladas, por no hablar de los requisitos de capital. Funciona casi como un banco real y es altamente líquido, lo que garantiza que se te pagará. Con esta opción, puedes hacer trading de estos dos tipos de criptomoneda con dólares americanos y viceversa.

Coinbase

Millones de traders utilizan Coinbase, lo que la convierte en una de las casas más populares disponibles en la actualidad. Además de los principiantes, los traders más conocidos también participan en los movimientos de las criptomonedas. La ventaja de Coinbase es que ofrece una amplia variedad de herramientas y servicios y a la vez es fácil de usar. Las transacciones son seguras e incluso ofrece un almacenamiento integrado para tus criptomonedas.

Bitstamp

Bitstamp es de las primeras plataformas de trading disponibles para Bitcoin. Fácil de usar pero altamente segura, también ofrece almacenamiento y resguardo de Bitcoins dentro de la plataforma. El servicio de asistencia al usuario está disponible todo el día, todos los días.

Puedes crear una cuenta gratuita y comenzar a participar en los trading. Es muy fácil y eficiente de usar.

Cexio

Cexio es una plataforma universal de intercambio de criptomonedas. En ella puedes hacer trading fácilmente cambiando divisas tradicionales por criptomonedas y viceversa. Es ideal tanto para principiantes como para los traders ya experimentados. Armada con herramientas y funciones fáciles de usar, es una gran plataforma para iniciar tu camino de inversión. Además, la ventaja de utilizar Cexio es que sus precios reflejan fielmente los de los mercados.

Poloniex

La seguridad es extremadamente importante cuando de criptomonedas se trata, y esto es algo que se puede esperar de Poloniex como plataforma de cambio. Soporta cientos de diferentes criptomonedas y pares de trading, y ofrece una serie de herramientas tanto para principiantes como para inversores avanzados. Lo genial de esta plataforma es que siempre puedes esperar cerrar un trato.

Kraken

Si tu criptomoneda elegida es Bitcoin, entonces Kraken sería una opción ideal de casa de cambio. Es una de las mayores plataformas de negociación de Bitcoin disponibles en la actualidad. Incluso es socia del principal banco digital para criptomonedas.

Aunque se utiliza principalmente para el comercio de Bitcoins, también puede acomodar transacciones de Ether y de otras criptomonedas. Es la opción de casa de cambio ideal para los traders con más experiencia en la industria.

Shapeshift

Como ya se señaló anteriormente, existen algunas plataforma de cambio que permiten realizar operaciones anónimas. Con Shapeshift puedes realizar operaciones sencillas sin necesidad de registrarte ni de tener una cuenta. Esta es una casa de cambio ideal si planeas hacer transacciones solamente con criptomonedas.

CAPÍTULO 7: CÓMO RESGUARDAR TUS CRIPTOMONEDAS

Las criptomonedas son activos digitales y como funcionan como el dinero real, necesitas un lugar donde almacenarlas. Con el dinero tradicional, tienes cajas fuertes, billeteras, bancos y similares. Aunque existen instalaciones de almacenamiento disponibles para las criptomonedas, estas son más complejas en comparación con las billeteras tradicionales.

Las transacciones en criptomonedas se registran en una cadena de bloques. En esta cadena de bloques hay billeteras que se ponen a disposición de los titulares de cuentas. También encontrarás carteras ofrecidas por plataformas de intercambio y otros proveedores de servicios de terceros.

Pero la billetera para criptomonedas no es comparable a una caja de resguardo, por ejemplo. En este caso, lo que tienes es una URL que está enlazada con la cadena de bloques. Este es un enlace exclusivo. Cuando lo visites, se te dirigirá a una página del sitio web de la cadena de bloques. Esta es la razón por la que necesitas estar conectado a Internet si deseas acceder a tu billetera de criptomonedas.

Si inviertes en criptomonedas, tendrás una billetera con dos direcciones: una pública, y otra privada. Necesitas la dirección pública para que otras personas puedan enviarte dinero o criptomonedas cuando realizas transacciones de compra o venta. La privada, en cambio, está protegida por una contraseña y te dará acceso a tus fondos en caso de que desees realizar un depósito o un retiro. También puedes utilizar la cuenta privada para enviar fondos a otros titulares de criptomonedas.

Lo que tienes que hacer en este caso es mantener segura tu clave privada.

A menos que necesites gastar alguno de tus fondos disponibles, nunca debes revelar esta clave a nadie, ya que le daría acceso total a tu dinero. Estos son los fundamentos que debes saber cuando se trata del almacenamiento y resguardo de criptomonedas.

Puedes usar diferentes tipos de billeteras si tienes criptomonedas para almacenar. Hay cinco tipos principales de billeteras de los que puedes elegir.

Papel

Tal vez te preguntes cómo se puede utilizar papel para almacenar monedas digitales. Bueno, en este caso, la billetera de papel sirve para almacenar tus claves de criptomonedas. Básicamente, escribes las claves y pones el papel en un lugar seguro.

Móvil

Hay aplicaciones móviles que sirven para ayudarte a gestionar tus criptomonedas. Estas billeteras móviles son excelentes opciones para aquellos que utilizan regularmente sus criptomonedas. El problema aquí es la seguridad frente a la piratería informática. Y si por casualidad pierdes tu teléfono, también tendrás un gran problema.

En línea

Este es el tipo de billetera más simple de tener y más fácil de usar. El problema es que no es tan seguro como otras opciones disponibles, por ello es ideal para el almacenamiento a corto plazo. Así que si estás buscando un lugar para resguardar tus fondos para compras u operaciones regulares, vale la pena que consideres este tipo de billetera.

Escritorio

Este tipo es similar a la aplicación móvil. La única diferencia es que la aplicación debe estar instalada en tu computadora personal.

Dispositivo de hardware

Este es un dispositivo que ha sido creado con el único propósito de almacenar claves para cuentas de criptomonedas. Se puede decir que esta es la opción más segura disponible, pero todavía está susceptible a brechas de seguridad, especialmente ante factores externos que pueden dañar el dispositivo (como derramar agua sobre él, por ejemplo).

Las criptomonedas se encuentran actualmente en un mercado alcista y esto significa que se puede esperar que los precios se disparen sin previo aviso.

Cuando esto sucede, más personas, especialmente hackers, encontrarán interés en las criptomonedas. Esta es la razón por la que debes proteger tus monedas por todos los medios posibles. No querrás que caigan en las manos equivocadas.

Con esto en mente, deberías considerar hacer una inversión para tu billetera de criptomonedas, además de tu inversión en las monedas mismas. No te conformes con las opciones gratuitas. Piensa en características como la comodidad, la accesibilidad y, lo que es más importante, la seguridad.

Hay diferentes características que tu billetera para criptomonedas debe tener. Especialmente si eres principiante, considera las siguientes como una guía para reducir tus opciones:

Conveniencia

Al elegir una billetera para criptomonedas, asegúrate de encontrar algo que te permita usar tus monedas cuando lo necesites. Esto podría ser durante un punto de venta o compra. Básicamente, quieres algo que sea compatible con diferentes monedas, software y plataformas de intercambio.

Accesibilidad

La accesibilidad también es importante. Poder usar tus criptomonedas cuando sea necesario es un requisito. Si no puedes acceder a ellas fácilmente, ¿entonces qué caso tendría invertir en primer lugar? El acceso en este sentido debería ser 24 horas al día, 7 días a la semana.

Seguridad

Es crucial que hagas la debida investigación sobre la seguridad que te puede brindar un proveedor de servicios en particular. Verifica el historial del proveedor y comprueba si ha tenido casos de manipulación de datos o piratería. También sería una buena idea buscar testimonios sobre sus protocolos de seguridad.

Utilidad

La facilidad de uso es esencial cuando se trata de un servicio así. Si no sabes cómo usar la billetera digital, entonces no tendrás fácil acceso a tus monedas. Además, si no puedes utilizar las diferentes funciones disponibles, podrías terminar dejando tus monedas sin asegurar en una plataforma digital.

Costo

¿Cuánto presupuesto tienes destinado al resguardo de tus criptomonedas? El costo de la billetera en sí es importante. Con las billeteras gratuitas, tendrás derecho a las funciones básicas. Pero si necesitas un servicio más complejo o seguro, prepárate para gastar un poco más de dinero.

Actualmente, son varias las billeteras disponibles para inversionistas; aquí te presentamos algunas que merecen tu consideración. Sin embargo, debes recordar que cada opción tiene ventajas y desventajas, así que dedica el tiempo a hacer una investigación más amplia. Si necesitas probar varias antes de decidir, adelante. Esto te ayudará a encontrar la billetera para criptomonedas más adecuada para tus necesidades específicas.

Billeteras en línea

Coinbase

Una gran opción de billetera en línea para criptomonedas es Coinbase. Se le conoce también como "hot wallet" porque funciona junto con una plataforma de intercambio. Aquí, no solo puedes almacenar y resguardar tus monedas, sino que también puedes participar en tradings de forma instantánea y gratuita.

A diferencia de otras billeteras, tus criptomonedas tienen con Coinbase un seguro completo. Todo lo que necesitas es someterte a un proceso de verificación de dos pasos para establecer todo. Incluso puedes elegir aumentar la seguridad de tu billetera activando la función de autenticación de Google. En la casa de cambio tienes la oportunidad de aumentar aún más la seguridad, ya que Coinbase también ofrece almacenamiento en bóveda.

Una desventaja de esta billetera en particular es que no es compatible con otros tipos de criptomoneda, pues solo acepta Bitcoin y Ethereum.

Billetera de papel

My Ether Wallet

Las billeteras de papel también son populares entre los participantes del mercado de criptomonedas. Esta opción es para quienes quieren algo simple pero efectivo. En primer lugar, no requiere una inversión monetaria significativa, a diferencia de las billeteras de hardware que pueden costar mucho dinero.

En línea, hay un sitio web de billetera de papel llamado My Ether Wallet (Mi Billetera Ether). Cuando visitas el sitio, puedes crear una billetera con tus claves de criptomonedas.

A diferencia de otros sitios no seguros, este no transmitirá ni almacenará ninguna información privada que proporciones. Si todavía te sientes incómodo al revelar tus claves privadas, tienes la opción de descargar el programa independiente, que puedes usar sin conexión.

Lo que pasa con las billeteras de papel es que son rápidas de generar y fáciles de usar. Son ideales para aquellos que ya tienen experiencia usando billeteras para criptomonedas. Esto se debe a que ponerlas en marcha lleva un tiempo y requiere experiencia. Debido a ello, es posible que los novatos no las encuentren fáciles de utilizar.

Dispositivos hardware para billeteras

KeepKey

Este es un gadget tecnológico parecido a un disco duro externo, pero más pequeño. Si no te importa un poco de peso, entonces esta opción brinda una fuerte protección para tus monedas.

Sin embargo, debes tener cuidado porque un dispositivo así es más propenso a dañarse por caídas. Es ideal para aquellos que están interesados en algo confiable pero simple de usar. Incluso las personas no tecnológicas no tendrán problemas con la interfaz fácil de usar de KeepKey.

Trezor

Es una de las primeras billeteras de este tipo. Si estás interesado en algo que ofrezca la máxima encriptación y seguridad, entonces esta es la opción ideal para ti.

Además del robo físico, también obtienes protección virtual para tus monedas.

Si hay un inconveniente con esta billetera, y si cosas como la estética te preocupan, entonces es posible que no te guste su aspecto. Pero si el estilo no es un problema, entonces puedes sacarle provecho a los beneficios que Trezor te brinda. Muchos consideran que es como una bóveda porque es capaz de proteger tus criptomonedas de ataques de malware.

Nano Ledger S

Lo que diferencia al Nano Ledger S de otros sistemas de almacenamiento de hardware es que es uno de los modelos más fiables y económicos disponibles en la actualidad. Su tamaño es más pequeño en comparación con otras billeteras de hardware por no mencionar que es más ligera, lo que la hace extremadamente portátil.

Si lo que quieres es algo fácil de usar y práctico de llevar contigo, entonces esta podría ser la opción perfecta para ti.

Billeteras de software

Electrum

Cuando se trata de billeteras de software, tenemos que comenzar con Electrum. Es ligera y de rápido acceso. Además de estar preparada para computadoras de escritorio, también la puedes usar en tus dispositivos móviles favoritos. Lo que a la mayoría de los usuarios les encanta de Electrum es que los desarrolladores fueron muy generosos en sus características y funciones.

Además de tener la capacidad de acomodar una amplia variedad de criptomonedas, esta billetera en particular también puede proporcionar a los usuarios integración de billetera de hardware, acceso anónimo, almacenamiento en frío y un alto nivel de seguridad. Y aunque se trate de un software, no es susceptible a los tiempos de inactividad, ya que no utiliza ningún sistema de servidor.

Jaxx

Otro tipo de billetera de software que sería bueno que consideres es Jaxx. El nombre por sí solo puede hacer que sientas curiosidad en cuanto a lo que puede ofrecerte. Jaxx es la primera billetera para criptomonedas lista para su uso móvil. Es capaz de acomodar una multitud de dispositivos, sin mencionar los diferentes sistemas operativos, desde iOS hasta Android.

Actualmente, el software se ha actualizado para que funcione igual de bien con los sistemas de escritorio, lo que lo hace aún más atractivo. Si necesitas tener tu billetera en varios dispositivos, las copias de seguridad y las transferencias son muy sencillas con Jaxx. Funciona como una aplicación donde se pueden escanear códigos QR, enviar y recibir monedas, y ver el historial de transacciones.

Pero debido a sus diferentes funciones, su interfaz es más compleja. Esto significa que los nuevos usuarios y las personas no tan diestras con la tecnología pueden enfrentarse a varios retos a la hora de usar la aplicación. La curva de aprendizaje es bastante empinada, pero si tienes la paciencia y el tiempo necesario para aprender su funcionamiento, entonces podrás usar una gran billetera para criptomonedas.

CAPÍTULO 8: CÓMO HACER UN SEGUIMIENTO DE LAS CRIPTOMONEDAS

Si planeas invertir en criptomonedas, entonces necesitas hacer un seguimiento y rastrear las criptomonedas y sus precios. Es probable que inviertas en más de un tipo de criptomoneda, por lo que es mejor que tengas las herramientas apropiadas a la mano.

Lo que pasa con las criptomonedas es que, al igual que otros instrumentos financieros, siguen siendo susceptibles a la volatilidad. Esto significa que los cambios en los precios siempre serán parte de la ecuación.

Si miras más de cerca estas monedas digitales, te darás cuenta de que es la ausencia de regulación lo que realmente causa esta amenaza de volatilidad. Como los propietarios de monedas dictan sus propios precios en función de lo que los compradores están dispuestos a pagar por las monedas, pueden influir fácilmente en el movimiento del mercado.

Como resultado, la incertidumbre siempre será algo de lo que hay que estar atento. En este caso, la incertidumbre no solo involucra a los precios y la oferta, sino también al valor de las monedas. Considerando que hay cientos de diferentes criptomonedas disponibles para el trading, nunca se sabe cuál perderá clientes y caerá fuera del mercado.

Hay diferentes aplicaciones en línea que puedes utilizar para rastrear las criptomonedas. Algunas solo atienden a Bitcoins o Ether, mientras que otras incluyen otros tipos de monedas.

Lo que estas aplicaciones hacen es realizar un seguimiento de los precios en relación con las monedas fiduciarias.

Aquí están algunos de los rastreadores de criptomonedas que debes considerar, especialmente si es la primera vez que inviertes en algo así.

BitcoinWisdom

En el mundo de las criptomonedas, Bitcoin no solo fue el primer tipo creado, sino que sigue siendo el más popular del mercado. Dicho esto, existen numerosas casas de cambio que se adaptan principalmente a ellos. Lo mismo puede decirse de los rastreadores de precios.

BitcoinWisdom es un rastreador de precios que funciona con Bitcoins como base.

Lo que hace es realizar un seguimiento del precio del Bitcoin en relación con las monedas fiduciarias y otras monedas. Lo bueno de esto es que proporciona actualizaciones en tiempo real. Como usuario, puedes controlar la información gráfica configurando intervalos de tiempo. Puedes elegir una marca de tiempo entre un segundo y una semana.

Coinbase

Coinbase no solo ayuda a los inversores en criptomonedas a hacer un seguimiento de los movimientos de precios más relevantes, sino que también ofrece características relacionadas con la inversión. Pero cuando se trata de lo primero, los usuarios tienen acceso a gráficos que siguen el valor de Bitcoin en relación con las diferentes monedas fiduciarias.

Además de eso, los usuarios también pueden rastrear el volumen diario de transacciones para esta criptomoneda en particular. Aunque hay algunos inversores que solo se preocupan por sus propias monedas, un número significativo de propietarios de Bitcoin encuentran valor en información como los volúmenes de comercio.

Esto se debe a que el número de monedas utilizadas activamente puede tener un impacto no solo en los precios, sino también en la oferta y la demanda. Con esta información a la mano, puedes hacer mejores negociaciones y tomar decisiones más inteligentes cuando se trata de las criptomonedas que posees y con las que estás haciendo trading.

Al igual que otros rastreadores en línea, puedes personalizar Coinbase a tu gusto. Esto significa que puedes establecer rangos de tiempo para tus gráficos. El único inconveniente es que los usuarios no saben de dónde el rastreador obtiene la información, pues el proveedor no revela dicha fuente.

CoinDesk

CoinDesk es otro excelente rastreador que puedes probar. Lo que lo distingue de otros rastreadores de criptomonedas es su propio BPI o índice de precios Bitcoin. Este índice realiza un análisis comparativo de tres grandes bolsas de Bitcoin: BTC-e, Bitfinex y Bitstamp.

Utilizando la información que recopila, se proporciona a los usuarios una pantalla gráfica que incluye el IFS más los precios individuales de estas tres bolsas. Además, el rastreador también te da acceso a los datos históricos de Mt. Gox.

Los usuarios no solo tienen acceso a tarifas en tiempo real, sino que también pueden decidir si desean que los precios de apertura y cierre se muestren junto con los máximos y mínimos diarios.

Si lo que quieres es monitorear las tasas de cerca, entonces este puede ser un rastreador ideal para ti.

Existen otros excelentes rastreadores disponibles en Internet, pero estos tres son los mejores para empezar. Con el tiempo, y a medida que pruebes otros rastreadores, estarás más informado a la hora de decidir cuál se adapta mejor a tus necesidades.

CAPÍTULO 9: EL FUTURO DE LAS CRIPTOMONEDAS

Cuando el concepto de Bitcoin salió a la luz por primera vez, fue ridiculizado por muchos y apoyado por pocos. Actualmente, el mercado de Bitcoin y otras criptomonedas está creciendo exponencialmente y ya no pueden ser ignoradas. En sintonía con la evolución del dinero, muchos esperan que las criptomonedas ganen protagonismo con el paso del tiempo.

El entorno de las criptomonedas

Las criptomonedas son más complejas de lo que parecen, y es esa complejidad lo que les permite ser un actor potencial en la sociedad financiera.

Pero, por supuesto, hay retos que se pueden esperar conforme las criptomonedas ganen reconocimiento, empezando por mejorar su contexto comercial.

Básicamente, las criptomonedas son activos monetarios digitales que se negocian a través de bolsas digitales y se almacenan en las billeteras del ciberespacio. Por eso es importante contar con suficientes protocolos de autorización, encriptación y seguridad para poder transformarlos en activos financieros cotidianos.

Es probable que el mercado y las bolsas estén más regulados en el futuro de lo que están actualmente. También está la posibilidad de reducir el anonimato a cambio de seguridad. Por ejemplo, en lugar de operaciones anónimas, puede ser mejor que las transacciones se registren en un libro universal, un registro público con múltiples copias que permitan el seguimiento, la supervisión y la actualización.

Por un lado, esto puede eliminar los problemas de fraude en los que las mismas monedas se utilizan para múltiples compras.

Este registro debe ser encriptado para que la información se guarde y se genere una copia de seguridad con cada actualización. Esto significa que incluso si los detalles pueden cambiarse con cada nueva transacción, las copias de las entradas anteriores seguirán estando disponibles para el rastreo. Piensa en esto como congelar todas las entradas anteriores con cada actualización, lo que facilita a los reguladores ver qué cambios se han hecho en períodos de tiempo específicos y si hay alguna actividad fraudulenta que deban atender.

A medida que se realizan nuevas entradas, también se deben crear nuevas copias de seguridad o bloques. Es con este concepto que salen a la luz tecnologías como las cadenas de bloques.

Básicamente, una cadena de bloques es una cadena digital de copias de seguridad que marca varias transacciones con criptomonedas en cada momento posible. Es importante tener mejoras continuas en la tecnología de la cadena de bloques si se desea que las criptomonedas se conviertan en soluciones monetarias primarias en los años venideros.

Neutralidad de la red

La neutralidad de la red es extremadamente importante en las discusiones sobre el futuro de las criptomonedas. La neutralidad tiene el objetivo de proteger no solo a los creadores de contenido, sino también a las empresas. La protección viene en forma de regulación activa para las corporaciones a gran escala, sin mencionar a los proveedores de servicios de Internet que están tratando de monopolizar el comercio.

Sin este reglamento en vigor, sería completamente legal que estos últimos organismos interrumpan el servicio, por no hablar de aplicar la censura como consideren conveniente. Y todo eso se puede hacer sin que estas agencias sean consideradas responsables de sus acciones, dejando a los consumidores con un tremendo gasto.

En el caso de las criptomonedas, la aplicación de las normas relativas a la neutralidad de la red puede atribuirse a su crecimiento exponencial. Con las medidas apropiadas en su lugar, la gente está viendo las criptomonedas como una opción de inversión que vale la pena y que es muy segura. Los aumentos deseables de los precios de las monedas, así como el creciente apoyo internacional, son el resultado de una regulación adecuada.

La gente y los gobiernos se han vuelto tolerantes con estos activos digitales, mientras que los mercados globales acogieron con satisfacción la entrada de nuevas ofertas para el comercio activo.

Como resultado, el mercado de criptomonedas se volvió más sólido, creíble y, por supuesto, rentable. Si no hay una regulación activa de la neutralidad de la red, es posible que el mercado de criptodivisas entre en una burbuja que las empresas monopolísticas pueden explotar como se les antoje.

Lo que pasa con las criptomonedas es que, aunque son adiciones prometedoras a los espacios financieros y tecnológicos, todavía quedan unos pocos conservadores que las consideran abominaciones o interrupciones al sistema. Varios proveedores de servicios de Internet comparten esta opinión y estarían encantados de enviar las criptomonedas al olvido.

Esto se debe a que con la continua expansión de las aplicaciones potenciales para las criptomonedas, estas se tienden a ver como amenazas potenciales para los servicios tecnológicos que ofrecen los proveedores de servicios de Internet.

Y si las criptomonedas obtienen suficiente apoyo, es posible que puedan superar a estas compañías y ocasionarles una caída financiera. Así que antes de que esto pueda suceder, están trabajando activamente para eliminar las criptomonedas para siempre.

Algunas de las formas en que estas empresas están saboteando las criptomonedas en ausencia de leyes de neutralidad adecuadas es mediante la reducción de las velocidades de banda ancha para sitios relacionados con las cadenas de bloques y las bolsas. Al hacerlo, reducen la velocidad de las transacciones con la esperanza de influir en que los clientes se harten y las suspendan. Las cadenas de bloques y las bolsas no son tan susceptibles a la intervención manual, pero siguen dependiendo de las conexiones de banda ancha para funcionar.

Y aunque la ausencia de la neutralidad en la red no es el

único factor que puede reducir las criptomonedas, sigue siendo una preocupación primordial para su evolución.

Esta es la razón por la que es importante que esta preocupación se haga pública desde el principio, ya que ayudará a educar a la gente con la esperanza de salvar la reputación de las criptomonedas para los próximos años.

Evolución de las criptomonedas

Fue en 2009, con el lanzamiento de Bitcoin, que la gente se hizo consciente de la existencia de las criptomonedas. Desde entonces, Bitcoin se ha mantenido como una de las monedas digitales más populares disponibles hoy en día, pero con el rápido crecimiento del concepto surgieron otras variaciones que poco a poco están ahogando a esta pionera.

Actualmente, hay cerca de dos mil criptomonedas diferentes en las que la gente puede invertir. De estas opciones, hay aproximadamente una cuarta que se negocia activamente en diferentes bolsas.

Según una investigación en curso sobre este mercado, estas criptomonedas por sí solas tienen un valor de más de 50.000 millones de dólares.

Y a diferencia de otros activos monetarios que fluctúan no solo en precio sino también en popularidad, las criptomonedas se han mantenido fuertes en los mercados financieros, acumulando y manteniendo cuotas significativas a lo largo del tiempo. Y con base en las actividades actuales del mercado, no hay señales de que este rápido crecimiento vaya a hacerse más lento en el futuro cercano. Esto demuestra lo bien que la gente ha adoptado las criptomonedas como posibles complementos o alternativas al papel moneda.

En sintonía con el mercado específico de Bitcoin, este sigue funcionando a un nivel superior a la media.

Pero hay otras monedas como Ether que se están poniendo rápidamente al día y se puede esperar que derroquen a Bitcoin en un futuro no tan lejano; la razón es que, a diferencia de las pioneras, las nuevas divisas abordan los problemas a los que se enfrentan los inversores.

Además de Bitcoin, otras criptomonedas que debes tener en cuenta incluyen Ether, Monero, Litecoin y Ripple. Actualmente, sus cuotas de mercado se sitúan en el 20% del segmento activo de negociación. En aproximadamente una década, se ha proyectado que la cuota de mercado de Bitcoin disminuya hasta en un 50% frente a estas alternativas. Un problema potencial que puede atribuirse a esto es la creciente volatilidad de Bitcoin.

Pero no está de más mencionar que se puede esperar un futuro brillante para el Bitcoin, sobre todo conforme mejoren las diferentes tecnologías que lo rodean, incluidas las cadenas de bloques.

Mientras haya siempre un esfuerzo activo en la expansión de la aplicación de las criptomonedas, se puede esperar que estos activos digitales continúen alcanzando nuevas cotas a medida que pase el tiempo.

También hay mucha gente que espera que más instrumentos financieros se vinculen con las criptomonedas de una forma u otra. Cuando esto ocurra, más personas estarán dispuestas a invertir en el mercado de divisas digitales y su aplicación se extenderá mucho más allá de ser simplemente una alternativa para el pago directo.

Y como Ethereum desarrolló el concepto de contratos inteligentes, se espera que estos continúen con otras criptomonedas, expandiendo aún más el uso de estas monedas en línea. Estos contratos inteligentes son protocolos digitales que sirven para ejecutar los términos del contrato, eliminando así la necesidad de intermediarios y mejorando la eficiencia de las negociaciones o transacciones.

Y finalmente, existe la expectativa de que las criptomonedas sean más capaces de abordar tanto los temas de anonimato como de privacidad. En la actualidad, Zcash ofrece una forma totalmente anónima de moneda digital en la que las transacciones no se nombran ni se registran importes en las cadenas de bloques. En cuanto a esto último, requiere una inversión de tiempo y tecnología para asegurar que el trading de esta criptomoneda no conduzca a transacciones fraudulentas.

Pero en general, hay muchas esperanzas en el futuro de las criptomonedas, y más que suficiente apoyo para volverlas realidad. Todo lo que tenemos que hacer es ver a dónde nos llevará esta tecnología revolucionaria, esperando que sea hacia el camino de una mejor evolución financiera.

CONCLUSIÓN

La tecnología moderna sigue mejorando día con día. Y además del desarrollo de varios dispositivos, estamos viviendo en la época del desarrollo de las monedas digitales.

Las criptomonedas son activos digitales que contienen valor y pueden utilizarse para realizar compras en línea y fuera de ella. También se pueden mantener como inversiones. Funcionando de manera parecida a las acciones tradicionales, las criptomonedas son grandes instrumentos de tecnología financiera para aquellos que quieren generar un ingreso pasivo.

Sin embargo, hay diferentes elementos con los que debes familiarizarte antes de invertir en estas criptomonedas. Investigando y estudiando los diferentes tipos de monedas, bolsas, billeteras y componentes, te asegurarás de que tus transacciones se realicen de forma segura.

Después de consultar esta guía, espero que hayas adquirido un amplio conocimiento sobre las criptomonedas y puedas encontrar la confianza suficiente para emprender tu inversión. Solo asegúrate de no actuar precipitadamente y no pierdas nunca de vista que este es un mercado monetario.

Por ello es importante que te tomes tu tiempo, que practiques y, por supuesto, que te diviertas aprendiendo.

El siguiente paso es encontrar algunas criptomonedas que puedas comprar, una casa de cambio para probar, y una billetera para mantenerlas seguras. ¡Buena suerte!